LES

GUERRES D'AUTREFOIS

DANS LE PAYS DE SAINT-DIÉ

DISCOURS

DE

M. HENRI BARDY

Président de la Société Philomatique vosgienne
Officier d'Académie
Membre correspondant de l'Académie de Stanislas
etc.

A LA RÉUNION GÉNÉRALE DU 25 FÉVRIER 1894

SAINT-DIÉ
TYPOGRAPHIE ET LITHOGRAPHIE HUMBERT

LES

GUERRES D'AUTREFOIS

DANS LE PAYS DE SAINT-DIÉ

DISCOURS

DE

M. HENRI BARDY

Président de la Société Philomatique vosgienne

Officier d'Académie

Membre correspondant de l'Académie de Stanislas

etc.

A LA RÉUNION GÉNÉRALE DU 25 FÉVRIER 1894

SAINT-DIÉ

TYPOGRAPHIE ET LITHOGRAPHIE HUMBERT

LES GUERRES D'AUTREFOIS

DANS LE PAYS DE SAINT-DIÉ

MESSIEURS ET CHERS COLLÈGUES,

Votre bienveillance, sur laquelle vous m'avez habitué à compter depuis bientôt vingt ans, et votre grande indulgence à mon égard, m'engagent à venir encore aujourd'hui vous entretenir de quelques événements dont le pays de Saint-Dié a été jadis le théâtre.

Je prendrai, cette fois, pour sujet les faits militaires qui s'y sont succédés et qui forment un des côtés intéressants de notre histoire locale. Ils sont connus déjà pour la plupart, mais quelques uns ont été présentés par nos historiens d'une manière si peu conforme à la vérité qu'il m'a semblé utile de les mettre au point réel. Leur groupement, un peu factice, mais momentané, servira à les mieux fixer dans votre mémoire, de manière à en pouvoir évoquer plus facilement le souvenir quand en naîtra l'occasion.

Je ne veux pas, Messieurs, remonter jusqu'aux époques les plus reculées de nos annales. Les faits, enveloppés dans un brouillard qui va en s'épaississant de plus en plus, deviennent confus et indistincts à mesure qu'ils s'éloignent dans la nuit des temps. Les documents sont rares et peu précis ; les événements, dénaturés par des chroniqueurs de capacité médiocre ou par des copistes ignorants, peuvent être difficilement acceptés tels qu'ils sont racontés. Il faut les ramener à de plus justes proportions, les interpréter sainement, en élaguer certains détails, les confronter quand, par un heureux hasard, il en existe plusieurs récits, et c'est ici qu'il faut se méfier de l'imagination plus ou moins vive et romanesque de l'historien. Je ne vous parlerai donc qu'en passant des anciens établissements militaires qui ont existé sur la côte de Repy, au dessus d'Etival, et sur la Bure, près de Saint-Dié ; des voies stratégiques construites par les Romains à travers vos vallées et nos montagnes ; des Huns, ou plutôt des Hongrois, qui, vers 917, saccagèrent notre contrée et ruinèrent les monastères ; des guerres que se faisaient les seigneurs entre eux ; des constructions de châteaux et de tours de garde pour se protéger, eux et leurs biens, contre des ennemis trop nombreux et très rapaces, surveiller le pays et défendre les routes et les défilés ; du passage par notre vallée, en 984, des troupes du roi Lothaire, repoussées d'Alsace par Conrad de Souabe ; des terribles incursions, dans le val de Galilée, du comte Hugue d'Alsace et du sire de Bilstein, Adalbert de Habsbourg, à la fin du XIe siècle.

L'histoire militaire de Saint-Dié ne doit commencer réellement qu'à partir du moment où la duchesse Catherine et le jeune duc Ferry III décidèrent, en 1255, de fortifier la ville en l'entourant d'une muraille garnie de tours. Ces travaux de fortifications ne furent commencés qu'en 1266 et durèrent plus de dix ans.

Si les seigneurs des environs levaient des hommes pour garder leur châteaux et les accompagner dans leurs expéditions, le Chapitre de Saint-Dié jouissait du même droit dans toute l'étendue de ses possessions. C'est ainsi qu'on le voit, en 1324, accorder au duc de Lorraine, Ferry III, un secours de cinq cents hommes pour l'aider à faire le siège de Metz, qui, du reste n'aboutit pas.

Sa veuve, Isabelle d'Autriche, conserva la régence du duché pendant la minorité de son jeune fils Raoul. Inquiétée, en 1330, par les prétentions du comte de Bar, elle trouva, dans le Chapitre, la même assistance que son mari et put disposer des forces de l'Eglise. C'est à cette époque qu'elle fit construire, à Saint-Dié, le *Château de la Cour,* sur l'emplacement duquel s'installa plus tard une communauté de Capucins.

Ce fut alors, dans notre région, une série d'alertes, de troubles et de malheurs que Gravier, l'historien de notre ville, raconte avec d'intéressants détails. La guerre s'étant rallumée, en 1331, entre le duc de Lorraine et le comte de Bar, le Chapitre rappela ses troupes, à l'instigation de Baudouin, archevêque de Trêves, qui tenait le parti du comte.

Le duc, pour se venger de la défection de son allié au moment du danger, frappa de contributions les terres du Chapitre. Jean, sire d'Eschery, conduisit ses gens dans les villages de Provenchères et de Remomeix, pendant que Jean de Laveline, lieutenant du duc à Saint-Dié, s'établissant à Robache, brava les chanoines au point de s'emparer de la tour du Mont, appelée aussi tour *Mathiatte,* et située près de leur église, pour y renfermer les prisonniers faits sur le Chapitre. Il confia la garde de cette tour au chevalier Thielmann, son collègue dans le Val. Attaqués sur plusieurs points à la fois, les chanoines ne savaient de quel côté diriger leur défense. Pensant bien que depuis leur vilaine affaire avec les bourgeois, en février 1308, ils ne pouvaient plus compter sur eux, ils laissèrent la ville et portèrent toutes leurs forces contre le chevalier d'Eschery, qui ravageait Bertrimoutier, Provenchères, Remomeix, Sainte-Marguerite et faisaient mine de s'avancer vers le monastère. Jean, prévenu de leur marche, attira dans une embuscade les trois chanoines qui commandaient les troupes du Chapitre, les fit prisonniers et les conduisit au château d'Eschery, tandis qu'il laissait leurs hommes en liberté. Il fallut négocier pour leur rançon, qui fut réglée à 750 livres de bons tournois, ce qui équivaut à peu près à 13.000 francs. Les hostilités ne cessèrent qu'en 1334, lorsque la paix fut conclue entre le duc de Lorraine et le comte de Bar.

Dix ans s'étaient à peine écoulés que de nouvelles alertes troublèrent les habitants de notre pays. L'évêque de Metz, Adhémar, amena ses troupes dans les Vosges en 1345, et mit le siège devant le château de Beauregard, que les bourgeois de Raon défendirent vaillamment. L'année suivante, ce fut au tour des Alsaciens de venir commettre des déprédations dans la vallée de la Meurthe et piller l'abbaye de Moyenmoutier.

En 1363, apparut le fameux aventurier Arnaud de Cervole, surnommé l'*Archiprêtre*, à la tête de ses bandes de routiers. La ville de Saint-Dié ne se garantit d'un pillage général qu'en leur livrant les magasins du Chapitre. A partir de ce moment, les chanoines, pour s'éviter de pareilles surprises, établirent, sur la tour de leur principale église, un veilleur chargé de signaler l'approche de troupes ennemies. C'était le *conou dou moutei* qui, d'après Gravier, égayait les chanoines, à midi sonnant, par des fanfares guerrières, tout en entretenant leur humeur belliqueuse.

La guerre était alors la passion dominante ; aussi ne cessait-elle un instant que pour recommencer quelque temps après, sous un prétexte ou sous un autre. Les seigneurs, grands et petits, en avaient besoin pour satisfaire leurs appétits et leurs intérêts. C'était aussi une profession, fort recherchée par nombre de gens sans aveu, qui s'engageaient là où il y avait de bons coups à faire et du butin à recueillir. Le pauvre peuple, surtout celui des campagnes, accablé par tous, souffrait, gémissait et payait.

Les bourgeois, dans leurs villes fortifiées, pouvaient encore se garer jusqu'à un certain point. Ceux de Saint-Dié veillaient avec soin à la garde de leurs portes et de leurs murailles, de concert avec les gens du Chapitre, qui avaient la surveillance des deux portes

Viant et de *la Rochotte*. Celle de la tour du *Beffroi,* située au sud de la ville et qui s'ouvrait sur la rue ducale, était exclusivement gardée par les bourgeois. Puisque cent ans auparavant, leur souverain leur avait donné le droit d'avoir des murailles, ils avaient naturellement le devoir de les défendre. Il fallait, pour surveiller les remparts et les portes, un service organisé militairement, et le *Woy,* dont il est parlé dans nos vieilles chroniques, implique l'existence d'une milice bourgeoise, chargée du guet et de la garde.

Bientôt, une alerte beaucoup plus sérieuse que celle qu'avait causée les routiers de l'Archiprêtre, vint donner l'alarme au Chapitre et aux bourgeois de Saint-Dié. Laissons Jean Ruyr, le vieil historien des *Sainctes Antiquitez de la Voge,* nous narrer cet événement :

« En 1386, dit-il, quelques étrangers, sous
« la conduite d'un capitaine proscrit de la
« patrie pour ses méfaits, ayant conspiré
« d'escalader les murailles à l'endroit où
« était premièrement la fermeté de l'ancien
« monastère de Saint-Dié, la vigile de la Na-
« tivité de N.-D. environ dix heures de nuit,

« comme tous les habitants se fussent déjà
« retirés pour se reposer, ces canailles vou-
« lant exploiter la surprise sous espoir d'un
« riche butin, commençaient à escalader la
« dite muraille à petit bruit, quand les clo-
« ches de l'une et l'autre église par la volonté
« de Dieu sonnèrent l'alarme, d'où non seu-
« lement les bourgeois furent subitement
« éveillés, mais qui plus est les ennemis
« précipités du sommet des murailles, dont
« plusieurs furent trouvés morts dans les
« fossés. Ainsi la victoire aussitôt obtenue
« qu'espérée, non plutôt par valeureux ex-
« ploits remportés sur l'ennemi que divine-
« ment et miraculeusement octroyée, tout le
« peuple à la suite du clergé ne faillit d'aller
« saluer la reine du ciel en son église, comme
« à leur vrai asile, chantant et psalmodiant
« tout le reste de la nuit. »

Le Chapitre consacra la mémoire de cet événement par une cérémonie religieuse et militaire, renouvelée chaque année à la même époque, de cinq à huit heures du soir, et dont les comptes du Sonriat de 1733 donnent en quelque sorte le programme. La garde bourgeoise, commandée par le prévôt et les chanoines dignitaires, sortait en armes, enseignes déployées, suivie de tous les officiers et principaux bourgeois à cheval, et faisait trois fois le tour de la ville. Elle montait à la tour du Mont, près de laquelle avait eu lieu l'escalade. Là, le doyen des magistrats faisait défense, de par son Altesse et le Chapitre, de sortir, après la cloche de huit heures, sans feu, à peine d'amende. Après cette publication, « chacun se retire chez soi pour « se désarmer, et incontinent se transporter « en l'église Notre-Dame pour y chanter une « antienne en l'honneur d'icelle. »

Telle est, en résumé, la description que les comptes du Sonriat donnent de cette cérémonie commémorative, qui fut célébrée jusqu'aux approches de la Révolution de 1789. Elle est rapportée avec plus de détails dans la remarquable et très savante notice que notre collègue, M. Gaston Save, a publiée dans le 7e volume du Bulletin de la *Société philomatique* sur « la Citadelle de Saint-Dié. »

Jean Ruyr, qui était admirablement bien

placé pour connaître la vérité, assigne à ce fait historique la date du 7 septembre 1386. Gravier se trompe donc grandement en le donnant comme s'étant passé en 1525, lors d'une surprise qui, selon lui, aurait été faite contre notre ville par les paysans d'Alsace et d'Allemagne. Ruyr parle positivement d'un capitaine proscrit de sa patrie pour ses méfaits ; il faut, en conséquence, reporter cette tentative d'escalade à quelque bande courant les grands chemins, comme il y en avait tant à ces époques de troubles.

La lutte entre les ducs de Lorraine et de Bourgogne désola notre pays. Vers le 15 décembre 1473, Charles-le-Téméraire, venant de Nancy, traversa le Val de Saint-Dié pour entrer en Alsace par le col de Sainte-Marie-aux-Mines. Il avait avec lui une imposante escorte, que précédait une avant-garde d'environ huit cents hommes, et allait visiter les pays nouvellement acquis de Sigismond, archiduc d'Autriche, et qu'il n'avait pas encore vus. Les troupes de Charles occupaient alors toute la Lorraine. Effrayée de la cruauté qu'elles avaient montrée à Charmes, la ville de Saint-Dié avait capitulé, sans faire la moindre résistance, pour se racheter du pillage. Mais les batailles de Granson et de Morat, perdues par le Bourguignon, vinrent tout changer. Un patriote vosgien, Varin-Doron, auquel le duc René a confié une compagnie de cent vingt Allemands commandés par le capitaine Harnecker, s'empare par surprise du château et de la ville de Bruyères. La garnison bourguignonne de Saint-Dié se rend ensuite à Harnecker.

Le duc de Lorraine se disposa à reconquérir sa capitale. Rentrant en Lorraine, il passa par Saint-Dié, avec son armée, au milieu du mois de juillet 1476, pour aller investir Nancy, dont la garnison fut forcée de capituler le 6 octobre. C'est alors que le Téméraire, furieux d'avoir perdu une place si importante, accourut en toute hâte pour en faire le siège et la reprendre. On connaît les détails de la bataille décisive, livrée sous les murs de Nancy le 5 janvier 1477, et qui mit un terme à cette guerre désastreuse. Le héros de cette journée fameuse fut le lieutenant du duc de Lorraine, Claude de

Bauzemont ou de Beaumont, châtelain de Saint-Dié, qui tua le duc de Bourgogne et le laissa sur la place, sans se douter quel était le personnage qu'il abandonnait ainsi dans un bourbier, à l'extrémité de l'étang Saint-Jean. « On assure, dit Dom Calmet, que Beaumont mourût peu de temps après, de regret d'avoir tué un si grand prince, ou plutôt d'avoir manqué un si riche prisonnier. »

Un chanoine de l'Eglise de Saint-Dié, Pierre de Blarru, chanta cette campagne dans une œuvre épique qu'il intitula *Nanceidos opus* ou *Nanceïde*, et qui devint le poème national de la Lorraine.

Blarru mourut dans notre ville le 23 novembre 1510, et fut inhumé, suivant le désir qu'il en exprimait dans son testament, dans la Petite-Eglise, près de l'endroit de la nef méridionale où fut placée son épitaphe. Beaucoup d'entre vous, Messieurs, savent que sa sépulture a été retrouvée le 16 juin de l'année dernière, juste à l'emplacement qu'il avait lui-même désigné, c'est-à-dire près de l'entrée de l'Eglise et non loin du bénitier.

Ne serait-ce pas, mes chers Collègues, le cas de profiter des travaux de restauration qui vont faire de cet édifice un des plus beaux monuments historiques de l'époque romane, pour donner au poète national lorrain la part de gloire qui lui revient? Nul, parmi nos hommes remarquables, ne le mérite mieux que le chantre de la plus célèbre épopée militaire de notre pays.

La guerre des paysans, qui fit tant de mal à l'Allemagne et à l'Alsace, eut son contre-coup jusqu'ici. Des bandes de Rustauds passèrent les Vosges, et leurs éclaireurs, descendus par les vallées de la Plaine et du Rabodeau, furent signalés par le guetteur du moûtier. La frayeur s'empara du Chapitre, à la vue de cette avant-garde de paysans qui, suivant l'historien Gravier, « ne pouvaient avoir d'autres intentions que de préparer les esprits à recevoir en libérateur leur corps d'armée. » Vraiment, c'est montrer un peu trop d'indulgence envers ces insurgés, et il faut, Messieurs, ne pas avoir lu les chroniques alsaciennes pour chercher à excuser, d'une manière si sommaire, cette triste et sanglante révolte qui fit, de l'autre côté des Vosges, tant de dévastations et de ruines.

Ce fut donc par un mouvement de conservation bien naturel et bien légitime que le Chapitre demanda des secours immédiats au duc Antoine. Celui-ci fit aussitôt occuper les défilés des Vosges, et envoya une compagnie de lansquenets à Saint-Dié, pour rassurer les chanoines. Lui-même, accompagné de son frère Claude de Lorraine, prit le chemin de l'Alsace par la vallée de la Meurthe, marcha contre les paysans et les tailla en pièces à Scherwiller, près de Châtenois.

Ceci se passait le 20 mai 1525. Après la bataille, le bon duc Antoine reprit le chemin de sa capitale. S'arrêta-t-il un moment dans quelqu'église située au pied de la côte de Wisembach, pour prier Dieu et le remercier de sa victoire ? Le fait est que l'on a retrouvé, il y a une vingtaine d'années, dans une église voisine de la route allant à Sainte-Marie, un tableau peint sur bois, que l'on doit évidemment considérer comme un *ex-voto* de ce prince, en reconnaissance des victoires qu'il remporta sur les Rustauds.

D'après M. Morey, l'éminent architecte de Nancy, qui a décrit ce très curieux tableau historique dans un mémoire publié en 1880, les trois peintures à fresque qui furent découvertes, dans le cours de l'année 1876, sous le badigeon de trois piliers de notre cathédrale, et malheureusement recouvertes immédiatement après, pourraient bien ne pas être étrangères au même événement.

En 1552, après l'abandon du siège de Metz, vaillamment défendue par le duc de Guise, un parti de l'Armée Impériale se présenta devant Saint-Dié. Le capitaine Reynette, qui commandait pour le duc de Lorraine aux châteaux de Spitzemberg et de Saint-Dié, refusa d'ouvrir les portes aux Allemands. Les chanoines revendiquèrent leurs droits sur celles de Viant et Rochotte qui, comme je vous l'ai dit, appartenaient au Chapitre, et prétendirent restreindre le commandement du capitaine à la seule porte du Beffroi. Reynette tint ferme tant que l'ennemi fut en présence, et refusa de partager le commandement avec les chanoines, qu'il fit surveiller de près. Les bourgeois firent bonne contenance, et les Impériaux se retirèrent après avoir mis au pillage les campagnes voisines.

Les ducs de Lorraine qui, jusqu'alors, paraissent n'avoir entretenu dans leur château de *la Cour* qu'un petit nombre d'hommes d'armes, sous le commandement du châtelain ou lieutenant ducal, mirent à Saint-Dié, en 1592, une garnison composée de deux compagnies de cavalerie albanaise. Nous ne suivrons pas Gravier dans les explications, plus ou moins malveillantes pour les chanoines, qu'il donne au sujet d'un « tripot » établi à cette époque dans notre ville. Pour lui, c'était une maison de jeux et de débauches, installé uniquement par le Chapitre pour corrompre la bourgeoisie. Pour nous, c'était tout simplement une sorte de cantine, une espèce de taverne, à laquelle était peut-être joint aussi ce que nous appellerions aujourd'hui « le cercle des officiers, » et où se centralisaient également les réquisitions, qui se faisaient sans beaucoup d'ordre, afin d'épargner aux habitants des réclamations désagréables et d'inutiles vexations.

J'ai dit, Messieurs, qu'une milice bourgeoise avait dû bien certainement s'organiser pour la garde des fortifications. Il s'était encore formé, à une époque que je ne saurais préciser, une compagnie d'Arquebusiers, qui concourut d'abord d'une manière sérieuse à la défense de la cité, et qui forma plus tard une corporation privilégiée, ayant un caractère à la fois civil et militaire. On les appelait les *Chevaliers de l'Arquebuse.*

C'est en 1568 qu'il est question pour la première fois des *Hacquebutiers* de Saint-Dié. Le 15 juin de cette année, ils demandent au Chapitre, qui la leur accorde, la permission de s'exercer et de tirer à la cible hors de la ville.

En 1584, M. de Gournay, bailli de Lorraine, écrit au Chapitre pour lui demander de mettre à la disposition du prévôt de Saint-Dié un terrain où l'on éleverait une butte, afin « d'exercer les bourgeois de la ville et faulbourgs dudit lieu à tirer à la xibe, estant chose bien séante avoir gens usités à manier armes en ville frontière. » Il semble que le Chapitre ne se soit pas empressé d'obtempérer à cette demande, puisque le 9 juin de la même année, le bailli lui adresse une nouvelle lettre dans laquelle il dit que s'étant informé auprès du prévôt si la chose était exécutée, celui-ci avait répondu que non, parce que le Chapitre s'y était opposé; c'est pourquoi il l'en prie de rechef et lui déclare que c'est la volonté de Son Altesse.

Les chanoines accordèrent le terrain, moyennant une redevance de six deniers.

Rodolphe Thierry, qui fait connaître ces détails dans un des plus précieux manuscrits que possède notre bibliothèque municipale, nous apprend encore qu'en 1609 le Chapitre loua une place du Pâquis, en un lieu dit *vers le battant Padoulx,* pour y faire une loge afin de tirer à la butte, moyennant 2 blancs de cens payables au sonrier de la ville, « lequel cens devait cesser au cas que les bourgeois cesseraient de tirer à la butte. »

Ce n'était pas toutefois de cette butte que venait le nom de *buttiers* donné parfois aux Chevaliers de l'Arquebuse. Ils le tiraient de leur arme, l'*hacquebute* ou *arc-butte.* Vous pouvez, Messieurs, vous donner une idée de ce qu'étaient ces armes en examinant, dans notre Musée, deux tubes d'arquebuse et deux batteries à mèches provenant d'une trouvaille faite en 1878, dans l'église de Châtel-sur-Moselle, et qui paraissent remonter à la première moitié du XVIe siècle.

Notre érudit collègue, M. Gaston Save, que j'aime toujours à citer quand j'ai à parler de l'histoire de Saint-Dié, croit que c'est à ce corps que sont dues les armes actuelles de notre ville, représentées pour la première fois dans la « Pompe funèbre du duc Charles III. »

Au mois d'octobre 1738, la compagnie des Arquebusiers fut supprimée. Leur mémoire a survécu, à Saint-Dié, comme dans nombre d'autres villes, parceque leur institution avait eu sa raison d'être, en se proposant pour but d'exercer volontairement les habitants au maniement des armes. Et depuis, n'avons-nous pas vu, sous une inspiration patriotique et avec les subventions des municipalités, se former des Sociétés qui, sous des apparences plus modestes, cherchaient à développer chez les citoyens des villes le goût et la précision du tir? Rappelons-nous, Messieurs, nos francs-tireurs de 1864, avec leur jaquette de velours et leurs plumes au chapeau. Ils différaient, par leur costumes élégant, des autres tireurs des Vosges, et ce ne sont pas eux que le Prince Impérial avait pu surnommer ses *petits soldats gris*, lorsqu'en 1867 il les passa en revue à Nancy. Les compagnies vosgiennes, dans leur enthousiasme, offrirent au jeune Prince la présidence d'honneur et un costume complet, qu'ils lui portèrent à Paris et lui remirent, en audience solennelle au palais des Tuileries, le 25 novembre de la même année. Les francs-tireurs de Saint-Dié brillèrent à cette cérémonie..... par leur absence.

Reprenons le récit des événements militaires dont notre ville fut le théâtre. La guerre des Suédois y fut désastreuse. En 1633, ils pénétrèrent dans les Vosges par le comté de Salm et dévastèrent le Val de Saint-Dié, mais furent bientôt repoussés par les mestres de camp lorrains, Florainville et Gâtinois. Ce n'était là qu'un premier acte d'hostilité. Quelque temps après, le rhingrave Othon se rendit maître de la ville, qu'il occupa jusqu'à ce que Jean de Werth vint, à la fin de juin 1635, à la tête de 4.000 chevaux et 600 dragons, en déloger les troupes franco-suédoises et la rendre aux Lorrains. Dans ces temps calamiteux, un affreux malheur fondit sur Saint-Dié. Après la bataille de Raon-l'Etape, le 22 mars 1636, où le marquis de la Force fut vainqueur du général Colloredo, maréchal des armées de l'Empereur, les Suédois, dont les corps détachés ravageaient tout ce qu'ils rencontraient, arrivèrent à Saint-Dié, qui ne pouvait se défendre. Ils livrèrent la ville au pillage, mais le capitaine Jean d'Arbois de Xafféviller les attaqua. Mis dans l'impossibilité de s'échapper, les soldats de Weymar se retirèrent dans la tour de la grande Eglise et s'y défendirent pendant quelque temps. Ne pouvant résister au choc des Lorrains, le chef des Suédois se mit à cheval sur un tonneau de poudre, et, faisant appel à l'héroïsme de ses soldats, il y mit le feu. L'explosion produisit un bruit épouvantable. Le feu gagna la tour, et il devint si violent, par suite de l'éboulement de la charpente, que les sept cloches se fondirent. Le métal en feu tomba sur le pavé, l'écrasa, s'enfonça dans la terre où, en creusant dernièrement pour faire des travaux sur la terrasse de la cathédrale, on en retrouva de gros fragments. La plupart des reliques furent brûlées dans ce formidable incendie, mais, dit Riguet, une partie notable des ossements de saint Dié fut épargnée par le feu. La châsse, qui était de toute beauté, fut consumée, ainsi que toute l'argenterie, les tapisseries magnifiques et les ornements les plus précieux, qu'on avait cachés. Le village d'Hellieule, qui appartenait au Chapitre, fut brûlé et détruit de fond en comble ; il n'est jamais sorti de ses ruines.

Cette catastrophe eut lieu à la fin de mai ou commencement de juin de l'année 1636, et non pas de 1639, comme l'a dit par erreur Gravier.

Le 22 novembre 1638, après la prise de Lunéville par le duc de Longueville, l'armée française composée de 5.000 fantassins et de 3.000 cavaliers se dirigea vers l'Alsace. La Mothe-Houdancourt, maréchal-de-camp, avec le régiment de Beauregard-Champron et le sien, prit le chemin de Saint-Dié pour faire les logements. Il rencontra sur sa route douze maîtres du régiment lorrain Cliquot, qui s'était cantonné à Moyenmoutier. Feuquières commandait l'avant-garde française et devait soutenir la Mothe-Houdancourt. Il envoya en reconnaissance une partie de son régiment, accompagné d'Harembures et de Maucomble, officiers du régiment de Beauregard-Champron. Beauregard avertit bientôt la Mothe-Houdancourt de la présence des Lorrains à Saint-Dié. Le maréchal-de-camp français quitta Raon-l'Etape et battit Cliquot à plates coutures. Cent maîtres lorrains furent mis en fuite; onze pièces de canon furent prises, ainsi que le bagage et quatre cents soldats. Le reste fut tué.

Beauregard et Chastelie, gentilhomme normand, se distinguèrent dans cette rencontre. Mais il s'agissait de faire passer en Alsace les troupes de renfort promises à Weymar et composées des régiments de Saint-Luc, Plessis-Praslin, la Mothe-Houdancourt, Batilly, Saint-Aubin, Kaëgroët, Rochegriffaud,

Bellefonds, Boisruffin, la Saludie et Saint-Paul, plus trois cents hommes tirés des trois vieux régiments, Picardie, Navarre et Normandie. La Mothe-Houdancourt et Feuquières vont jusqu'à Saint-Dié, afin d'escorter les régiments que je viens d'énumérer ; ils les conduisent jusqu'au col de Sainte-Marie, descendent sur l'Alsace et ne rencontrent, au bas de la côte, qu'un escadron. Mais on apprend par des lettres de Cliquot, laissées à Saint-Dié chez son lieutenant, et par les révélations indiscrètes des Capucins de cette ville, que 2.000 cavaliers allemands avaient traversé le Rhin à Strasbourg et arrivaient au secours du duc de Lorraine, qui devait les rallier à Remiremont. La Mothe-Houdancourt et Feuquières essayent de leur barrer le passage près de Sainte-Marie ; mais les 2.000 Impériaux étaient passés trois heures auparavant sans bagage.

Au mois de mars 1639, une partie des troupes lorraines se trouvaient cantonnées dans la vallée de la haute Meurthe. Rosen, un des chefs de l'armée Franco-Suédoise, apprenant qu'elles étaient réunies à Saint-

Léonard, vint les surprendre, le 27 avril, dans leur camp, avec 400 cavaliers, 100 dragons et 300 fantassins. Le régiment du prince François de Mouy-Chaligny, évêque de Verdun, suppléé par son lieutenant-colonel, et trois autres régiments d'infanterie, un règiment de cavalerie de Sivry, deux compagnies à cheval de Grand et une de Cliquot, prirent la fuite ; l'infanterie lorraine recula jusqu'à Saint-Dié. Remis de leur surprise, les Lorrains revinrent à la charge, et un combat sanglant eût lieu entre eux et Rosen. Un lieutenant-colonel de Charles IV et quatre capitaines furent faits prisonniers. Tous les soldats de l'infanterie furent tués, et le bagage tomba aux mains des Français.

Je vous laisse à penser, Messieurs, tout ce que les malheureux habitants de nos vallées éprouvèrent de souffrances, de violences, de déprédations, de misères de toute espèce, pendant cette interminable guerre. C'étaient, à chaque instant, des logements de troupes, des réquisitions militaires. Les allées et venues étaient presque continuelles, soit pour se rendre en Alsace, soit pour rentrer en Lorraine. Il n'y avait alors que trois passages praticables pour traverser les Vosges : le Col de Sainte-Marie, celui du Bonhomme et la route du ballon de Giromagny. Quelquefois, des armées entières passaient, comme le 21 janvier 1636, par exemple, quand le cardinal de la Valette pénétra en Alsace par le col du Bonhomme. Mais, ajoutez à ces corps réguliers, disciplinés et qui gardaient un bon ordre relatif, les partis isolés, les bandes de rôdeurs, de déserteurs, de routiers travaillant pour leur propre compte, et dont le brigandage était abominable. Aux fléaux de la guerre se joignaient les angoisses de la famine. La mortalité, véritablement effrayante, décimait les populations. Le pays fut longtemps avant de se remettre de pareils malheurs, car tous, amis ou ennemis, Lorrains ou Français, avaient également contribué à l'appauvrir. Et quand, plus tard, les paysans, parlant de ces temps néfastes, raconteront les terrifiants exploits des *Suèdes,* on ne saura plus au juste s'ils voudront parler des Suédois, alliés de la France, ou des Souabes, *Houèbes* ou *Suèves,* à la solde de la Lorraine.

Le XVIIIe siècle, en comparaison des précédents, apporta plus de tranquillité à notre ville, au point de vue qui nous occupe Des passages de troupes avaient toujours lieu, par intervalle, comme cela arrive nécessairement pour une localité située sur une route stratégique et désignée comme étape. On avait donc souvent des soldats à loger, ce qui, dans tous les temps, a été considéré comme une charge onéreuse. Aussi, l'une des faveurs que l'on sollicitait le plus, en échange de services rendus à l'état ou à la ville, était l'exemption du logement des gens de guerre. Nos populations furent particulièrement mises en grand émoi en 1744, lors de l'entrée en Alsace des troupes autrichiennes, sous le commandement du prince Charles. Cette nouvelle répandit l'alarme ; on leva des contributions en hommes et en denrées, et l'armée française prit la route de Saint-Dié pour déboucher en Alsace par le Bonhomme, Sainte-Marie et Schirmeck.

Nous avons vu, Messieurs, que les Arquebusiers avaient été supprimés en octobre 1738. A partir de ce moment, le service d'ordre public fut fait, dans notre ville, par une maréchaussée, habillée et armée comme en France, sauf que son uniforme était jaune et noir, couleurs de la Pologne. Elle dépendait du lieutenant de Nancy. Ce fut elle qui dut intervenir pour réprimer l'espèce d'émeute qui eut lieu le 1er juin 1743, à l'occasion de la prise de possession de la Grande-Prévôté de l'Eglise de Saint-Dié par Scipion-Jérôme Bégon, évêque de Toul.

En 1759, on forma une sorte de milice dont le recrutement se fit par un tirage au sort, dans lequel le choix semble néanmoins avoir eu une grande part. Les hommes furent armés d'un fusil « d'au moins 3 pieds de canon, avec sa baguette. » On les affubla, suivant la mode du temps, de sobriquets tels que *Jean-sans-peur*, *Courtehaleine*, *Lafleur*, *Lendormi*, *Trop-tard-à-la-soupe*, etc.

Nous venons de parcourir ensemble, Messieurs et chers collègues, ces longues périodes historiques du moyen-âge et moderne. Nous voici parvenus, avec la Révolution française qui commence, au seuil de l'histoire contemporaine. Je n'irai pas plus loin, car je ne veux pas abuser de votre bienveillance ni fatiguer votre attention.

Les guerres et autres faits militaires qui ont eu, dans des temps plus récents, notre pays pour théâtre, pourront être le sujet d'une étude nouvelle. J'aime à espérer, Messieurs, que rien ne s'opposera à ce que je puisse vous en faire part dans une de nos prochaines réunions.

St-Dié, Imp. L. Humbert.

www.ingramcontent.com/pod-product-compliance
Ingram Content Group UK Ltd.
Pitfield, Milton Keynes, MK11 3LW, UK
UKHW032013260826
14628UKWH00005B/2478

9 782012 859104